Bibliografische Information der Deutschen Nationalbibliothek:

Die Deutsche Bibliothek verzeichnet diese Publikation in der Deutschen Nationalbibliografie; detaillierte bibliografische Daten sind im Internet über http://dnb.d-nb.de/ abrufbar.

Impressum:

Druck und Bindung: Books on Demand GmbH, Norderstedt Germany
ISBN: 9783668754195

Dieses Buch bei GRIN:

https://www.grin.com/document/433525

Laura Kowalewski

Die Gestensprache feministisch-informierter Kunst

Exposé als Vorbereitung für eine längere Arbeit

GRIN Verlag

EXPOSÉ ZUM SEMINAR
THEMA: DIE GESTENSPRACHE FEMINISTISCH-INFORMIERTER KUNST

Leuphana Universität Lüneburg
Sommersemester 2015
Seminar: Feministische Kunst der 1970er Jahre

Abgabe: 30.09.2015
Laura Kowalewski

Inhaltsverzeichnis

1 Zentrale Fragestellung und Problemstellung

Die Ausstellung *Feministische Avantgarde – Kunst der 1970er-Jahre der SAMMLUNG VERBUND, Wien* in der Hamburger Kunsthalle (13.03.–31.05.2015) präsentiert Werke von 34 amerikanischen und europäischen Künstlerinnen. Sie weisen auf ihre zeitgenössische Problematik hin, dass es nur wenige Arbeits-, Ausstellungs- und Diskursräume für Künstlerinnen und ihre politischen, theoretischen und ästhetischen Konzepte gab. Ihre Kunstwerke repräsentieren Aktionen, Forderungen und Intentionen der Frauenbewegung; Wahrnehmung, Identität und Rollenbilder „der Frau“ in der patriarchalen Gesellschaft stehen auf dem Prüfstand. Die domestizierte Frau als Mutter, Hausfrau, Sexobjekt und Schönheit stellt dabei die Anti-Ikone der feministisch-informierten Künstlerinnen dar. Ihre Körper bzw. ihre Selbstdarstellungen sind das zentrale Mittel der Selbstermächtigung. Sie brechen mit dem „Bild der Frau“ als Objekt von Gewalt und Begierde und verweisen auf Machtrelationen im Kunstfeld und in der Gesellschaft.

Die Betonung der Rückaneignung des eigenen Körpers in der feministisch-informierten Kunst zog vor allem eine körperbetonte kunstwissenschaftliche Auseinandersetzung mit sich. Die Erforschung der Handlungsräume und Subversionsstellen in den Werken, die durch eine Betrachtung der spezifischen Körperbewegung der Gestik erfolgt, wird daher als relevante und fruchtbare Erweiterung bisheriger Ergebnisse betrachtet.

Im Anschluss an die Theorien geschlechtlicher Vorbestimmtheit und Geprägtheit von gesprochener Sprache bei Lacan (1994), Kittler (1985) und Derrida (2003) werden die Werke feministisch-informierter Künstlerinnen auf Aspekte einer geschlechtlichen oder feministischen Gestensprache untersucht. Die zentralen Fragestellungen behandeln zum einen die Un-/Möglichkeit einer geschlechtlichen Gestensprache und zum anderen das subversive Potential von Gestensprache in der feministisch-informierten Kunst. Dabei kann und soll kein Kanon einer „feministischen Gestik“ begründet werden. Vielmehr wird mittels eines weiteren Zeichensystems – der Gestensprache – Zugang zu den einzelnen feministischen Positionen und politischen Intentionen gesucht.

2 Forschungsstand

Die kunsthistorische bzw. kunstwissenschaftliche Aufarbeitung der feministisch-informierten Kunst, die in den 1960ern verstärkt aufkam, ist breit gefächert. Fragen der Identität, Körperlichkeit, Pose und Maskerade wurden in Kunstwerken und kunstwissenschaftlichen Publikationen ebenso thematisiert wie der Gebrauch reproduzierbarer Medien der Künstlerinnen. Ausgangspunkt sind dabei stets Repressionen des Patriarchats – vom Schönheitszwang über sexuelle Gewalt bis zur Strafverfolgung von Schwangerschaftsabbrüchen.

Für die Deutungen der feministisch-informierten Kunst bedient sich die Kunstwissenschaft sowohl der Gender Studies, um Entwicklungen des Feminismus darzulegen, der Theorien von Machtverhältnissen von Bourdieu (1973;1982;2001) und Foucault (1976), sowie einer neuen Psychoanalyse von Irigaray (1974) und Montrelay (1982). Insbesondere Fragen der Körperlichkeit und geschlechtlichen Identität werden jedoch mit Beauvoir (1949), Friedan (1963), Millett (1970) und Butler (1990;1993;1995;2004) diskutiert. Häufig zielen die Auseinandersetzungen dabei auf den gesamten Frauenkörper als Repräsentations- und Projektionsfläche der Objekthaftigkeit, der Lust und Fantasien des Patriarchats ab, mit denen gebrochen werden soll.

Eine Publikation, die explizit die Gestik in Werken feministisch-informierter Kunst in den Fokus stellt, ist nicht bekannt. Es existieren jedoch zahlreiche Publikationen zur Gestik als epochen- und stilübergreifendes Spezifikum, die zumeist die Kunst vor 1900 besprechen. Beispielhaft zu nennen sind; Ernst H. Gombrichs Aufsätze *Ritualized Gesture and Expression in Art* (1965) bzw. *Action and Expression in Western Art* (1972), Marcus Mrass Publikation *Gesten und Gebärden: Begriffsbestimmung und -verwendung in Hinblick auf kunsthistorische Untersuchungen* (2005), sowie Barbara Pasquinelli und Franziska Kirstens Sammelband *Körpersprache: Gestik, Mimik, Ausdruck* (2007).

Für eine retrospektive Untersuchung der dargestellten Gestik in den feministisch-informierten Werken sollte, aufgrund der geringen Dichte zeitgenössischer kunsthistorischer Auseinandersetzungen mit ihr, zusätzlich die Gestenforschung herangezogen werden. Obwohl die Gestik als Teil der Rhetoriklehre schon von Quintilian in der Antike erforscht und gelehrt wurde, erfuhr sie insbesondere zur zweiten Hälfte des 20. Jahrhunderts größere wissenschaftliche Aufmerksamkeit und konnte schließlich eine eigenständige Disziplin (Gesture Studies) institutionalisieren. Die Alltagsgesten Hörender werden beispielsweise im doppelbändigen Handbuch über die Multimodalität menschlicher Interaktion *Body – Language – Communication* (2013), herausgegeben von Jana Bressem et al., thematisiert.

Die relativ junge Gestenforschung bietet vielfältige Konzepte zu Gesten und ihren Klassifikationen. Die durchschlagkräftigste Definition der Geste scheint die »kommunikative Bewegung mit Armen und Händen«. In vereinzelten Konzepten ist der Bereich des Gestischen auf Bewegungen in Gesicht, des Blicks, des Kopfes, bis hin zu Torso-, Schulter- und Beinbewegungen erweitert. Grundlage der meisten Gestentypologien bildet dabei Efrons Studie *Gesture and environment* (1941), in der er fünf Kategorien nonverbaler Kommunikation unterschied: Illustration, Adaption, Emblem, Affizierung, Regulation[1]. Weitere Klassifizierungen richten sich nach dem Ausdruck und unterscheiden in Mimesis und Performanz, nach der Funktion in Deixis, Ikon und Lexem sowie nach kulturellem oder nationalem Kontext. Dabei stellen die verschiedenen Gestentypen jedoch keine sich wechselseitig ausschließenden Kategorien dar[2].

Die jüngsten Ergebnisse der Gestenforschung sollen in dieser Forschungsarbeit die Untersuchung von Geschlechtlichkeit und Politizität in der feministisch-informierten Kunst unterstützen. Ausgehend von Butler, die Geschlecht als soziokulturell geformtes statt einem biologischen natürlichen argumentiert, werden u.a. die mimetischen und performativen Gesten unter dem Aspekt der Reflexion und Kommentierung patriarchaler Strukturen und feministischer Anliegen betrachtet.

---

[1] Zur Historie des Gestenbegriffs und weiteren Typologien, siehe Anja Stukenbrock, *Deixis in der face-to-face-Interaktion,* Boston/Berlin: De Gruyter, 2015.

[2] Siehe hierzu Adam Kendon, *Gesture: Visible action as utterance*, Cambridge/New York: Cambridge University Press, 2004, S.104 und vgl. Stukenbrock, *Deixis,* S.22.

3 Theoretische Rahmung und Werkauswahl

Methodisch folgt die Forschungsarbeit der kunsthistorischen Bildbeschreibung und Interpretation. Für die Analyse und Interpretation werden auf Theorien und Diskurse primär aus der Semiotik und Linguistik, den Gender Studies und der Gestenforschung zurückgegriffen. Sie werden durch philosophische Zugänge von Derrida und Foucault, sowie weitere von Bourdieu, Elias (1976) und Lévi-Strauss (1958) zu sozialen Strukturen, Relationen und ihrer Institutionalisierung ergänzt.

Die Untersuchung von Gesten in feministisch-informierten Kunstwerken dient einer Spezifizierung des zu Teilen erforschten Aspekts des geschlechtlichen Körpers und seiner Sprache, beispielsweise durch die Pose, und legt ihr politisches Potential dar. Grundlage der Bildanalysen ist daher die Anerkennung der Charakteristika von Gesten, die Kenntnis ihrer Klassifikationen und ihrer Grenzen. Gesten gelten als erlernbar, transformierbar, polysemisch, teils geschlechts- und klassenspezifisch, und different vom Zeichensystem der Schrift[3]. Als eine „Verschränkung von Körper und Geist" können sie bewusst und unbewusst ausgeführt werden[4]. Ähnlich Butlers soziokultureller Normierung von geschlechtlichen Körpern gibt es in der Gestenforschung den Begriff des „Körperwissens", der emblematische bzw. institutionalisierte Gesten bezeichnet.

Die mimetische Gesten, die eine geschlechtliche Identität re-/präsentieren, sind in Werken wie von Ulrike Rosenbach *Art is a criminal action no.4* (1969-70) und Lynda Benglis *Self* (1970-76) zu finden. Dabei zeigt Rosenbachs Werk primär eine Körperhaltung (Pose), in der die Geste aus einer auf die Betrachter_innen gerichteten Waffe besteht. Aber auch Benglis Farbeimerwurf à la Pollock stellt eher eine ausladende Ganzkörperbewegung als eine Geste dar.

Alternative Werke, in denen die Hand- und Armbewegung im Fokus steht, sind Hannah Wilkes *Gestures* (1974) und Nancy Wilson-Pajics *Covering my Face: My Grandmother's Gestures* (1972); während Wil-

---

[3] Siehe hierzu Christoph Wulf, *Gesten: Inszenierung, Aufführung, Praxis*, München: Fink, 2010, S.287,290.

[4] Siehe Wulf, *Gesten*, S.287.

ke ausgehend von Gesten, die zu Beginn an schönheitserweiternde und -erhaltende Praxen vom Schminken und Pflegen erinnern, ihr Gesicht in Grimassen verwandelt, spielt Wilson-Pajic in ihren Gesten nicht nur auf den Reinheits- und Schönheitszwang für Frauen an, sondern zusätzlich auf die generationenübergreifende soziokulturelle Normierung von Gesten und Tradierung ihrer Verbote. Mit der Repräsentation dieser Alltagsgesten, die oft unreflektiert in ein Körperwissen übergangen sind, stoßen die Künstlerinnen ihre Betrachter_innen auf geschlechtsnormierte Praktiken hin. Der Aufruf zur Bewusstwerdung und die feministische Kritik werden unmittelbar deutlich.

Andere Werke wie Helena Almeidas *Estudo para dois espaços* (1977) oder Nil Yalters *La femme sans tête ou La danse du ventre* (1974) bedürfen hingegen weiterer Lektüren als die der Bilder, um ihren Gehalt gänzlich zu entschlüsseln. Die türöffnenden und sich durch Gitter steckenden Hände in Almeidas Werk verweisen auf die politische Situation Portugals in den 1970ern; auf das Ende der Diktatur von Salazar. Nil Yalters Bauchtanz bietet bereits selbst einen Kontext; ihre Hand notiert einen Auszug aus René Nellis misogynem Text *Éoritque et civilisations* (1972) auf ihrem Bauch. Durch ihre „Autorinnenschaft" und den Bezug auf ein Ritual der ländlichen Regionen der Türkei, das den Frauenkörper sexualisiert objektifiziert, verkehrt Yalter diese frauenfeindlichen Praktiken in eine politische Geste gegen eben jene.

Da aber die schreibende Hand bei Yalter noch als Geste klassifziert werden müsste, werden an dieser Stelle zwei Werke präsentiert, die ebenfalls diskursive Gestik und Schrift vereinen und die es in der Forschungsarbeit auf ihre Geschlechtlichkeit bzw. Politizität zu prüfen gilt.

3.1 Ketty la Rocca Le mie parole e tu? (1971/1972)

In sechs schwarz-weiß Fotografien mit Tinte auf Aluminium der Größe 50 x 60 cm zeigt Ketty la Rocca je eine Hand pro Bild, die behaart ist und daher als männlich identifiziert werden kann. Den Betrachter_innen ist sie vom Handrücken präsentiert wie zum Gruß, zu einem Handschlag. Mit jedem weiteren Bild des Polyptichons jedoch knickt ein weiterer Finger ein, sodass das im letzten Bild die Hand wie eine

Faust erscheint. Wesentliches Merkmal der Fotografien ist dabei die Beschriftung der Hände mit Tinte durch die Künstlerin selbst. Ketty la Rocca schwärzt dabei nicht nur Falten, Schatten und Haare nach, sondern schreibt vielfach das Wort „you“ auf die Hand.

Die Hand und ihre Beschriftung bzw. der Adressierte und die Adressierende (nämlich la Rocca) weisen nicht nur auf ein linguistisches Modell, sondern auf die Beziehung zwischen Mann und Frau hin. Die Künstlerin nutzt den linguistischer Shifter „you“, der je nach Anwender_in in einem Gespräch vor und zurück wandelt[5], um sowohl Mann als auch Frau als „Andere_n“ zu markieren. Der Akt des Benennens von la Rocca indiziert im Bildnarrativ ihre Herrschaft bzw. Macht über die männliche Hand[6]. Gleichzeitig stellt die Verwendung des „you“ als „other“ einen selbstreflexiven Akt dar, der die Handlungseinschränkung von Frauen in der Gesellschaft durch Männer assoziiert und deshalb eine (Rück-)Aneignung des Selbst anstrebt[7]. Diskussionen zu Scheidungen und Schwangerschaftsabbruch sowie über das Familiengesetz boten den Kontext für dieses Werk zu Beginn der 1970er in Italien.

In der Forschungsarbeit wird zu untersuchen sein, um welche Form der Geste – die hier fast wie eine Gebärdensprache auftritt – es sich handelt, wie sie den Diskurs vermittelt und ob durch sie dem Werk eine subversive Kraft zugeschrieben werden kann.

3.2 Shirin Neshat: Women of Allah (1994)

Die Schwarz-Weiß-Fotografie aus der Serie *Women of Allah* (1993-1997) von Shirin Neshat stellt Frauenhände mit geöffneten Handflächen dar. Sie sind mit Tinte in Farsi beschriftet. Sie wirken wie typographische Ornamente und erinnern an Mehndis. Die Hände und Unterarme im Bildzentrum werden mit einem diagonal auf den Armen

---

[5] Vgl. Rosalind Krauss, ‚Poststructuralism and deconstruction', in: *Art since 1900*, hrsg. von Hal Foster, New York (NY): Thames & Hudson, 2011, S.40-48, hier S.41.

[6] Siehe hierzu Jacques Derrida, *Einsprachigkeit des Anderen oder die ursprüngliche Prothese*, München: Fink, 2003, S.67.

[7] Siehe Angelandreina Rorro, ‚Ketty la Rocca. Reduktion der Sprache', in: *Feministische Avantgarde: Kunst der 1970er Jahre aus der Sammlung Verbund, Wien*, hrsg. von Gabriele Schor und Verbund AG, München: Prestel, 2015, S.131-137, hier S.131.

liegendem Gewehr der Remington Arms Company inszeniert. Umrahmt werden Hände und Gewehr von schwarzem, in Falten hängendem Stoff, der sie von einem unmittelbaren Kontext trennt und als bedeutende Geste inszeniert.

Das Gewehr als phallisches Instrument verweist auf Machtstrukturen und -kämpfe, die die weiblichen Hände sowohl binden als auch ermächtigen können. Die Ambivalenz liegt in den Handflächen; zaghaft gespreizte Finger geben sie preis und werden durch die Last des Gewehres gebunden – liest man jedoch die Lyrik von Tahereh Saffarzadeh in den Handflächen, die von hoher Gläubigkeit, Liebe zu Gott und dem Shahid handeln, so scheinen die Hände vom Glauben gestärkt und bereit zur Verwendung der Waffe. Neshat bedient sich Saffarzadehs Gedicht über ein Verständnis des Islams, dass viele Iranerinnen sich selbstermächtigt und gleichberechtigt fühlen lässt, und dabei im Widerspruch zu westlichen von Religionen getrennten Formen des Feminismus steht.

Obwohl dieses Werk in den 1990ern entstand, erweitert es den Korpus feministisch-informierter Kunst in Auseinandersetzung mit Riten und Religionen wie bei Nil Yalter oder Mary Beth Edelsons *Some Living American Women Artists / Last Supper* (1972) aus den 1970ern. Diese zeitliche Klammer zu öffnen wird vor allem durch das Faktum ermöglicht, dass der weibliche Körper in vielen Kulturen objektifiziert und instrumentalisiert wurde und noch immer wird. Zugleich wirft dieser Umstand die Frage nach intersektionalen Gesten auf, die mit der Forschungsarbeit in ihrer Existenz bestätigt und untersucht werden könnten.

4 Grundlegende Leitfragen

Ausgehend von den zentralen Fragestellungen, ob es eine geschlechtliche Gestensprache gibt und ob der Gestik in der feministisch-informierten Kunst ein subversives Potential beizumessen ist, sind zunächst Begriffe der »Gestik/Gestensprache«, einer »feministisch-informierten Kunst« sowie der »Subversion/Politizität« zu klären.

Für die Gestik scheint die Definition von der »kommunikativen Bewegung mit Armen und Händen« am geeignetsten, da sie sich besser von Forschungen zur Body Art und Performance Art abgrenzen und dennoch von ihren Ergebnissen profitieren kann. Die Limitierung des Gestenbegriffs auf die Vordergliedmaßen unterstützt seine Differenz zur Pose, wie Amelia Jones sie in ihrer Publikation *Body Art / Performing the Subject* (1998) verwendet. Da die Gestensprache aber auch Teil der Körpersprache ist, wird ihre Definition in gegenseitiger Abhängigkeit zur Werkauswahl gefestigt werden.
Die Werkauswahl, die hier vorerst auf Ketty la Rocca und Shirin Neshat begrenzt wurde, wird schließlich die Funktionen und Klassifikationen der dargestellten Gesten offenlegen. Dabei wird zu untersuchen sein, in welcher Form die Gesten die Entschlüsselung der Bildnarrative unterstützen. Sollte die Auswahl um weitere Werke ergänzt werden, so kann auch festgestellt werden, ob ein bestimmter Gestentypus häufiger dargestellt wird und zu welchem Zweck.
Der Begriff der »feministisch-informierten Kunst« wurde 1995 von der Künstlerin Mary Kelly in einer Roundtable-Diskussion von *October* geäußert, da die Ideologie vielmehr die Künstler_innen präge als einen Stil[8]. Darüberhinaus erlaubt der Begriff eine distanzierte Perspektive auf „den Feminismus", der dessen Vielfältigkeit und Entwicklung in Betracht zieht. Für die Werkauswahl wird eine feministisch-informierte Kunst ab den 1960ern betrachtet, da eine Bewegung von Künstler_innen erst in der Nachkriegskunst ablesbar wurde.
Die Frage nach einer geschlechtlichen Gestik, die anhand der Werke betrachtet wird, impliziert die Suche nach einer Positionierung im feministischen Diskurs. Spricht die Repräsentation soziokulturell geformt weiblicher bzw. männlicher Gesten für die Anerkennung eines Geschlechterdualismus oder wird dieser durch die Darstellung aufgebrochen? Welche Zweckhaftigkeit haben die dargestellten Gesten im Bildnarrativ und in welchem Verhältnis stehen sie zu Schriftzeichen und

---

[8] Silvia Kolbowski, Mignon Nixon, Mary Kelly, Hal Foster, Liz Kotz, Simon Leung und Ayisha Abraham, ‚A Conversation on Recent Feminist Art Practices', in *October*, vol. 71, Feminist Issues, Winter 1995, S.49-69, hier S.50.

Diskurs innerhalb und außerhalb des Werks? Wie verändert die Aneignung (imitatio) von Gesten ihre originäre Bedeutung für feministische Anliegen?

Den Effekt dieser Anliegen wird die Forschungsarbeit nur begrenzt wiedergeben können. Der Aspekt der »Subversion/Politizität« wird primär anhand der Darstellungsmittel und -inhalte bemessen und kann durch die Perspektive der Rezeptionsästhetik ergänzt werden. Wie mittelbar ist das in den Werken angewandte Zeichensystem Gestik[9]?

Da die Gestensprache als Strukturierungsversuch zwischenmenschlicher Kommunikation ebenso klassifiziert und kategorisiert, besteht auch hier die Gefahr dass durch Anwendung dieser Typologien Nuancen der Gestensprache missachtet werden. Es wird in der Forschungsarbeit durch die Betrachtung einzelner Werke daher die Spezifizität beizubehalten gesucht. Die Gestik als Teil eines agierenden Subjekts wird im Verhältnis zur Politik betrachtet; für wen sind die feministischen Gesten von Weiblichkeit verfügbar, wem bringen sie Empowerment, „welches Konzept von Gender oder sexueller Differenz“ stellen sie dar und wie prägen sie vergeschlechtlichte Körper[10]?

5 Ergebnisannahmen

Es wird angenommen, dass sich nicht alle Klassifizierungen und Funktionen aus der Gestensprache auf die Werkauswahl anwenden lassen. Grund dafür ist, dass ein Großteil der Werke aus Fotografien besteht, die keine redebegleitenden Gesten darstellen – so auch zu Teilen in den Videos –, und somit inszeniert einen stummen Diskurs begleiten.

Da die politische Intention von den Werken abstrahiert wird, wird keine „feministische Gestensprache“ entwickelt, die zeitgenössischen Feminist_innen als Ratgeber ihrem Gestenausdruck Hilfestellung leistet. Diese Forschungsarbeit fokussiert die kleinteilige Bewegung, die die Body Art-Forschung und die zur Pose in der feministisch-informierten

---

[9] Hier wird auf Giorgio Agamben, *Mittel ohne Zweck: Noten zur Politik*, Zürich: Diaphanes, 2006 zurückzugreifen sein.

[10] Zitat und vgl. Elena Casado-Aparicio, ‚Vergeschlechtlichte Körper: Metaphern im Feminismus', in: *Körper und Repräsentation*, hrsg. von Insa Härtel und Sigrid Schade, Opladen: Leske + Budrich, 2002, S.99-107, hier S.99f., 102.

Kunstgeschichte unbeachtet ließ; nicht das ganzkörperliche Repräsentieren oder Reflektieren/Projizieren wird thematisiert sondern das begreifende und handelnde Subjekt der Frau mittels der Gestik.

Für die Werke von la Rocca und Neshat wird angenommen, dass sie als diskursive Gesten klassifiziert werden. Während la Roccas Diskurs das Konzept des „Anderen“ als historisch gewachsene Form des Sexismus zitiert, den Charlotte P. Gilman in *The Man-made World or Our Androcentric Culture* (1911) beschrieb, setzt Neshat einen Gleichberechtigungsdiskurs ins Verhältnis zur Religion. Die Gesten sind nicht diskursspezifische oder -repräsentierende sondern Inhalte vermittelnde.

6 Titelvorschläge und Arbeitsgliederung

- Gestik in feministisch-informierter Kunst – Appell, Shift, Subversion
- Die Gestik des feministischen Diskurses – Verbildlichte Theorien und politische Konsequenzen
- Gestik feministisch-informierter Kunst der 1970er bis 1990er Jahre

<u>Gliederung in beschreibenden Arbeitstiteln</u>

1. Einführung
    a. Relevanz und Ziel der Fragestellung
    b. Struktur der vorgelegten Arbeit und angewandte Forschungsperspektive
2. Gestik in Werken feministisch-informierter Künstlerinnen der 1970er bis 1990er Jahre
    a. Werkbeschreibungen und -auslegungen
    b. Klassifizierung der Gestik in den Werken
3. Gestik, Sprache, Geschlecht
    a. Funktionen von Gesten in Kommunikation und Kunstgeschichte
    b. Gestik – Geschlecht – Machtverhältnisse
    c. Das politisch-subversive Potential von Gesten für eine feministisch-informierte Kunst
4. Schluss
5. Anhang
6. Quellenverzeichnis

    Eidesstattliche Erklärung

7 Literatur

Agamben, Giorgio, und Sabine Schulz, *Mittel ohne Zweck: Noten zur Politik*, Zürich: Diaphanes-Verl, 2006.

Casado-Aparicio, Elena, 'Vergeschlechtlichte Körper: Metaphern Im Feminismus', in: *Körper und Repräsentation*, hrsg. von Insa Härtel und Sigrid Schade, Schriften der Internationalen Frauenuniversität 'Technik und Kultur', 7, Opladen: Leske + Budrich, 2002, S. 99–107.

Derrida, Jacques, *Einsprachigkeit Des Anderen Oder Die Ursprüngliche Prothese,* München: Fink, 2003.

Härtel, Insa, und Sigrid Schade (Hrsg.), *Körper und Repräsentation*, Schriften der Internationalen Frauenuniversität 'Technik und Kultur', 7, Opladen: Leske + Budrich, 2002.

Foster, Hal (Hrsg.), *Art since 1900*, New York (NY): Thames & Hudson, 2011.

Kendon, Adam, *Gesture: Visible Action as Utterance,* Cambridge / New York: Cambridge University Press, 2004.

Kolbowski, Silvia, Mignon Nixon, Mary Kelly, Hal Foster, Liz Kotz, Simon Leung und Ayisha Abraham, 'A Conversation on Recent Feminist Art Practices', in: *October*, 71, Feminist Issues, Winter 1995, S.49–69.

Krauss, Rosalind, 'Poststructuralism and Deconstruction', in: *Art Since 1900*, hrsg. von Hal Foster, New York (NY): Thames & Hudson, 2011, S. 40–48.

Rorro, Angelandreina, 'Ketty La Rocca. Reduktion Der Sprache', in: *Feministische Avantgarde: Kunst der 1970er-Jahre aus der Sammlung Verbund, Wien*, hrsg. von Gabriele Schor und Verbund AG, München: Prestel, 2015, S.131–137.

Schor, Gabriele und Verbund AG (Hrsg.), *Feministische Avantgarde: Kunst der 1970er-Jahre aus der Sammlung Verbund, Wien,* München: Prestel, 2015.

Stukenbrock, Anja, *Deixis in Der Face-to-Face-Interaktion,* Linguae & Litterae. Publications of the School of Language & Literature. Freiburg Institute for Advanced Studies, 47, Berlin / Boston: De Gruyter , 2015.

Wulf, Christoph, *Gesten: Inszenierung, Aufführung, Praxis,* München: Fink, 2010.

8 Bibliographie

Alkemeyer, Thomas (Hrsg.), *Ordnung in Bewegung: Choreographien Des Sozialen: Körper In Sport, Tanz, Arbeit Und Bildung*, Materialitäten, Bd. 10, Bielefeld: transcript, 2009.

Althoff, Martina, Mechthild Bereswill, und Birgit Riegraf, 'Klasse, Milieu und Geschlecht: Das Konzept des Habitus im Kontext feministischer Fragestellungen', in: *Feministische Methodologien und Methoden*, hrsg. von Martina Althoff, Mechthild Bereswill, und Birgit Riegraf, Wiesbaden: VS Verlag für Sozialwissenschaften, 2001, S. 243–52.

Althoff, Martina, Mechthild Bereswill und Birgit Riegraf (Hrsg.), *Feministische Methodologien und Methoden*, Wiesbaden: VS Verlag für Sozialwissenschaften, 2001.

Armstrong, David F., William C. Stokoe und Sherman Wilcox, *Gesture and the Nature of Language*, Cambridge / New York, (NY): Cambridge University Press, 1995.

Arnheim, Rudolf, *Anschauliches Denken: zur Einheit von Bild und Begriff*, DuMont-Dokumente, Köln: DuMont, 2001.

Bauer, Yvonne, *Sexualität, Körper, Geschlecht: Befreiungsdiskurse und neue Technologien*, Studien interdisziplinäre Geschlechterforschung, Bd. 6, Opladen: Leske + Budrich, 2003.

Beauvoir, Simone de, *Le Deuxième Sexe*, Paris: Gallimard, 1949.

Benthien, Claudia, *Im Leibe Wohnen. Literarische Imagologie Und Historische Anthropologie Der Haut,* Berlin: Berlin, 1999.

Benveniste, Émile, *Probleme der allgemeinen Sprachwissenschaft*, 1428, München: List, 1974.

Betterton, Rosemary, *An Intimate Distance: Women, Artists, and the Body,* London / New York: Routledge, 1996.

Bickenbach, Matthias, Annina Klappert und Hedwig Pompe, (Hrsg.), *Manus loquens: Medium der Geste – Gesten der Medien*, Mediologie, 7, Köln: DuMont, 2003.

Birdwhistell, Ray L., *Kinesics and Context; Essays on Body Motion Communication*, Philadelphia: University of Pennsylvania Press, 1970.

Bischoff, Doerte, (Hrsg.), *Rhetorik und Gender*, Rhetorik, 29, Berlin: de Gruyter, 2010.

Bischoff, Doerte und Martina Wagner-Egelhaaf (Hrsg.), *Mitsprache, Rederecht, Stimmgewalt: genderkritische Strategien und Transformationen der Rhetorik*, Beiträge zur neueren Literaturgeschichte, Bd. 226, Heidelberg: Winter, 2006.

Bourdieu, Pierre, *Masculine Domination,* Stanford (CA): Stanford University Press, 2001.

Bourdieu, Pierre, Bernd Schwibs und Achim Russer, *Die feinen Unterschiede: Kritik der gesellschaftlichen Urteilskraft*,

Frankfurt am Main: Suhrkamp, 1987.
Bremmer, Jan und Herman Roodenburg (Hrsg.), *A Cultural History of Gesture: From Antiquity to the Present Day,* Cambridge: Polity Press, 1994.
Butler, Judith, *Gender Trouble: Feminism and the Subversion of Identity*, New York (NY): Routledge, 1990.
———, *Bodies That Matter: On the Discursive Limits of 'Sex',* New York (NY): Routledge, 1993.
———, *Körper von Gewicht: die diskursiven Grenzen des Geschlechts,* Berlin: Berlin Verlag, 1995.
———, *Excitable Speech: A Politics of the Performative*, New York (NY): Routledge, 1997.
———, *Undoing Gender,* New York (NY) / London: Routledge, 2004.
Calbris, Geneviève, *Elements of Meaning in Gesture*, Gesture Studies, Amsterdam / Philadelphia: John Benjamins, 2011.
Calbris, Geneviève, 'Geste et Motivation', in: *Semiotica*, 65, 1987, S.57–96.
Centro DI in Florenz, *Ketty La Rocca,* Florenz: Centro DI Ed, 1971.
Cerritelli, Claudio, und Melania Gazzotti, *La Poesia visiva: 1963-2013, omaggio al Gruppo 70 : La Rocca, Marcucci, Miccini, Ori, Pignotti,* Mantua: Tre lune, 2013.
Cicero, M. Tullius, Theodor Nüßlein und M. Tullius Cicero, *De oratore: über den Redner*, Ausgewählte Werke, M. Tullius Cicero, Bd. 4, Düsseldorf: Artemis & Winkler, 2008.
Darwin, Charles und Julius Victor Carus, *Der Ausdruck der Gemüthsbewegungen bei dem Menschen und den Thieren,* Delphi, 1049, Reprint nach der Stuttgarter Ausgabe von 1872, Nördlingen: Greno, 1986.
Derrida, Jacques, 'Geschlecht (Heidegger): sexuelle Differenz, ontologische Differenz', *Derrida, Jacques: Psyché*, Edition Passagen, 1988.
———, *Grammatologie*, übersetzt von Hans-Jörg Rheinberger und Hanns Zischler, Suhrkamp-Taschenbuch Wissenschaft, 417, Frankfurt am Main: Suhrkamp, 2013.
Efron, David, *Gesture and Environment : A Tentative Study of Some of the Spatio-Temporal and 'Linguistic' Aspects of the Gestural Behavior of Eastern Jews and Southern Italians in New York City, Living under Similar as Well as Different Environmental Conditions,* New York: King's Crown Press, 1941.
———, *Gesture, Race and Culture,* Den Haag: Mouton, 1972.
Egidi, Margreth (Hrsg.), *Gestik: Figuren Des Körpers in Text Und Bild*, Literatur Und Anthropologie, Bd. 8, Tübingen: Narr, 2000.
Eiblmayr, Silvia, *Die Frau Als Bild: Der Weibliche Körper in der Kunst des 20. Jahrhunderts,* Berlin: Reimer, 1993.

Ekman, Paul, 'Bewegungen Mit Kodierter Bedeutung: Gestische Embleme', in: *Zeichenprozesse: Semiotische. Forschung in Den Einzelwissenschaften*, hrsg. von Posner, Roland und Hans Peter Reinecke, Schwerpunkte Linguistik Und Kommunikationswissenschaft, Bd. 14, Wiesbaden: Akademische Verlagsgesellschaft Athenaion, 1977, S.180–198.

Elias, Norbert, *Über Den Prozeß Der Zivilisation: Soziogenetische Und Psychogenetische Untersuchungen*, Frankfurt am Main: Suhrkamp, 1976.

Fey, Gudrun, *Selbstsicher reden – selbstbewusst handeln: Rhetorik für Frauen*, Regensburg: Walhalla-Fachverlag, 2009.

Flusser, Vilém, *Gesten: Versuch Einer Phänomenologie*, Bd. 5, Düsseldorf: Bollmann Verlag, 1991.

Foucault, Michel, und Walter Seitter, *Überwachen und Strafen: die Geburt des Gefängnisses*, Suhrkamp-Taschenbuch Wissenschaft, 184, Frankfurt am Main: Suhrkamp, 1976.

Freedman, Norbert, Stanley Grand, and Downstate Medical Center (N.Y.) (Hrsg.), *Communicative Structures and Psychic Structures: A Psychoanalytic Interpretation of Communication: [proceedings]*, The Downstate Series of Research in Psychiatry and Psychology, vol. 1, New York (NY): Plenum Press, 1977.

Freedman, Norbert und Irving Steingart, 'Kinesic Internalization and Language Construction', in: *Psychoanalysis and Contemporary Science*, 4, S.355–403.

Fricke, Ellen, *Grammatik Multimodal: Wie Wörter Und Gesten Zusammenwirken*, Linguistik, Impulse & Tendenzen, 40, Berlin / Boston: De Gruyter, 2012.

Friedan, Betty, *The Feminine Mystique*,New York City (NY): Norton, 1963.

Gebauer, Gunter und Christoph Wulf, *Mimesis: Kultur, Kunst, Gesellschaft*, Reinbek bei Hamburg: Rowohlt, 1992.

———, *Mimetische Weltzugänge: Soziales Handeln, Rituale Und Spiele, ästhetische Produktionen*, Ursprünge des Philosophierens, Bd. 7, Stuttgart: W. Kohlhammer, 2003.

———, *Spiel, Ritual, Geste: Mimetisches Handeln in Der Sozialen Welt*, Reinbek bei Hamburg: Rowohlt, 1998.

Geertz, Clifford und Brigitte Luchesi, *Dichte Beschreibung: Beiträge zum Verstehen kultureller Systeme*, Suhrkamp-Taschenbuch Wissenschaft, 696, Frankfurt am Main: Suhrkamp, 2012.

Gersbacher, Ursula, *KörperRhetorik für eigen-mächtige Frauen: die lautlose Beredsamkeit*, Mensch & Management, 5, Bonn: VBU, Verl. Beste Unternehmensführung, 1989.

———, *KörperRhetorik für eigen-mächtige Frauen: die lautlose*

Beredsamkeit, Mensch & Management, 5, Bonn: VBU, 1989.
Goffman, Erving, *The Presentation of Self in Everyday Life*, New York (NY): Doubleday, 1990.
Goldin-Meadow, Susan, *Hearing Gesture: How Our Hands Help Us Think*, Cambridge (MA): The Belknap Press of Harvard University Press, 2005.
Gombrich, E.H., 'Action and Expression in Western Art', in: *Non-Verbal Communication,* hrsg. von Hinde, Robert A. und Royal Society (UK) (Hrsg.), Cambridge (UK): University Press, 1972, S. 373–92.
———, 'Ritualized Gesture and Expression in Art', in: *Philosophical Transactions of the Royal Society of London (Series B, Biological Sciencs)*, 772, 1965, S.391–401.
Gombrich, Ernst H. und Lisbeth Gombrich, *Kunst und Illusion: zur Psychologie der bildlichen Darstellung ; [eine Studie über die Psychologie von Abbild und Wirklichkeit in der Kunst],* Stuttgart: Belser, 1978.
Goodman, Nelson, *Sprachen der Kunst: Entwurf einer Symboltheorie*, übersetzt von Bernd Philippi, Suhrkamp-Taschenbuch Wissenschaft, 1304, Frankfurt am Main: Suhrkamp, 2010.
Halberstam, Judith, *In a Queer Time and Place: Transgender Bodies, Subcultural Lives*, Sexual Cultures, New York (NY): New York University Press, 2005.
Harrison, Charles und Sebastian Zeidler (Hrsg.), *Kunsttheorie im 20. Jahrhundert: Künstlerschriften, Kunstkritik, Kunstphilosophie, Manifeste, Statements, Interviews. Bd. 2: 1940 - 1991*, Ostfildern-Ruit: Hatje, 2003.
Hinde, Robert A. und Royal Society (UK) (Hrsg.), *Non-Verbal Communication*, Cambridge (UK): University Press, 1972.
Hipfl, Brigitte, Elisabeth Klaus und Uta Scheer (Hrsg.), *Identitätsräume: Nation, Körper Und Geschlecht in Den Medien: Eine Topografie*, Cultural Studies, Bd. 6, Bielefeld: transcript, 2004.
Huck, Brigitte, *Auf Den Leib Geschrieben: Ketty La Rocca, Valie Export, Mary Kelly, Elfriede Jelinek*, Wien: Kunsthalle, 1995.
Hüppauf, Bernd-Rüdiger, Christoph Wulf und New York University (Hrsg.), *Bild Und Einbildungskraft*, Paderborn: Fink, 2006.
Irigaray, Luce, *Speculum de L'autre Femme*, Paris: Éditions de Minuit, 1974.
Jäckle, Monika, 'Kulturalität Des Geschlechts – Die Diskursive Konstruktion von Geschlechterkulturen', in: *Verstehen und Kultur: mentale Modelle und kulturelle Prägungen,* hrsg. von Wiater,

Werner und Doris Manschke, (Hrsg.), Wiesbaden: Springer VS, 2012, S.113–140.

Johnson, Mark, *The Body in the Mind: The Bodily Basis of Meaning, Imagination, and Reason*, Chicago (IL): University of Chicago Press, 2009.

Jones, Amelia, *Body Art / performing the Subject*, Minneapolis (MN): University of Minnesota Press, 1998.

Juschka, Darlene M., *Political Bodies/body Politic: The Semiotics of Gender* (Oakville, Conn: Equinox Pub, 2009)

Kapp, Volker (Hrsg.), *Die Sprache der Zeichen und Bilder: Rhetorik und nonverbale Kommunikation in der frühen Neuzeit*, Ars rhetorica, Bd. 1, Marburg: Hitzeroth, 1990.

Kemp, Wolfgang (Hrsg.), *Der Betrachter Ist Im Bild: Kunstwissenschaft Und Rezeptionsästhetik*, Berlin: Reimer, 1992.

Kittler, Friedrich, *Aufschreibesysteme 1800/1900*, München: Fink, 1985.

———, 'Der Muttermund', in: *Aufschreibesysteme 1800/1900*, Ders., München: Fink, 1985, S.35–86.

Kobayashi-Bredenstein, Naoko, *Wassily Kandinskys Frühe Bühnenkompositionen: Uber Körperlichkeit Und Bewegung*, Boston: de Gruyter, 2012.

Lacan, Jacques und Norbert Haas, *Das Werk von Jacques Lacan. 3: Schriften 3*, 3, Weinheim: Quadriga, 1994.

Lévi-Strauss, Claude, *Anthropologie Structural,e* Paris: Plon, 1958.

McNeill, David, *Gesture and Thought*, Chicago (IL): University of Chicago Press, 2007.

———, *Hand and Mind: What Gestures Reveal about Thought* Chicago (IL): University of Chicago Press, 1992.

——— (Hrsg.), *Language and Gesture*, Language, Culture, and Cognition, 2, Cambridge / New York: Cambridge University Press, 2000.

Mead, George Herbert und Charles W. Morris, *Geist, Identität und Gesellschaft: aus der Sicht des Sozialbehaviorismus*, Suhrkamp-Taschenbuch Wissenschaft, 28, Frankfurt am Main: Suhrkamp, 2013.

Meyer, Eva, *Zählen und Erzählen: für eine Semiotik des Weiblichen*, Nexus, 27, Frankfurt am Main: Stroemfeld Nexus, 2013.

Millett, Kate, *Sexual Politics*, Garden City (NY): Doubleday, 1970.

Montrelay, Michèle, *L'ombre et Le Nom: Sur La Féminité*, Collection Critique, Paris: Éditions de Minuit, 1977.

Morris, Desmond, *Bodytalk: Körpersprache, Gesten und Gebärden*, München: Heyne, 1995.

——— (Hrsg.), *Gestures: Their Origins and Distribution*, London: Cape, 1979-

Mrass, Marcus, *Gesten Und Gebärden: Begriffsbestimmung Und -Verwendung in Hinblick Auf Kunsthistorische Untersuchungen*, Regensburg: Schnell + Steiner, 2005.

Müller, Cornelia, 'Bericht über Das Internationale Symposium The Semantics and Pragmatics of Everyday Gestures', in: *Zeitschrift Für Semiotik*, 20, 1998, S.436–439.

Müller, Cornelia, *Redebegleitende Gesten: Kulturgeschichte, Theorie, Sprachvergleich*, Körper, Zeichen, Kultur, Bd. 1 = Body, Sign, Culture., Berlin: Spitz, 1998.

Müller, Cornelia, Alan J. Cienki, Ellen Fricke, Silva H. Ladewig, David McNeill und Sedinha Tessendorf (Hrsg.), *Body – Language – Communication: An International Handbook on Multimodality in Human Interaction. Volume 2*, Handbooks of Linguistics and Communication Science, Band 38.2, Berlin / Boston: De Gruyter Mouton, 2014.

Müller, Cornelia und Roland Posner (Hrsg.), *The Semantics and Pragmatics of Everyday Gestures: Proceedings of the Berlin Conference April 1998*, Körper, Zeichen, Kultur, Bd. 9, Berlin: Weidler, 2004.

Pasquinelli, Barbara und Franziska Kristen (Hrsg.), *Körpersprache: Gestik, Mimik, Ausdruck*, Bildlexikon der Kunst, 15, Berlin: Parthas, 2007.

Preston, Carrie J., *Modernism's Mythic Pose: Gender, Genre, Solo Performance*, Modernist Literature & Culture, New York (NY): Oxford University Press, 2011.

Quintilianus, Marcus Fabius, *Ausbildung Des Redners: Zwölf Bücher*, 12 Bd., Darmstadt: Wiss. Buchges., 2006.

Rehm, Ulrich, *Stumme Sprache Der Bilder: Gestik Als Mittel Neuzeitlicher Bilderzählung*, Kunstwissenschaftliche Studien, Bd. 106, München: Deutscher Kunstverlag, 2002.

Reuter, Julia, *Geschlecht und Körper: Studien zur Materialität und Inszenierung gesellschaftlicher Wirklichkeit*, Gender studies, Bielefeld: transcript, 2011.

Riegraf, Birgit, Dierk Spreen und Sabine Mehlmann (Hrsg.), *Medien – Körper – Geschlecht: Diskursivierungen von Materialität: Festschrift Für Hannelore Bublitz*, Sozialtheorie, Bielefeld: transcript, 2012.

Riepe, Manfred, *Der große Andere und der kleine Unterschied: Freud, Lacan, Saussure und die Metapher des Geschlechts*, Wien: Turia + Kant, 2014.

Schade, Sigrid, 'Körper – Zeichen – Geschlecht. Repräsentation:

Zwischen Kultur, Körper Und Wahrnehmung', in: *Körper und Repräsentation*, hrsg, von Härtel, Insa, und Sigrid Schade, Schriften der Internationalen Frauenuniversität 'Technik und Kultur', 7, Opladen: Leske + Budrich, 2002, S.77–87.

Schäfer, Alfred und Michael Wimmer (Hrsg.), *Identifikation Und Repräsentation*, Grenzüberschreitungen, Bd. 2, Opladen: Leske + Budrich, 1999.

Schaufler, Birgit, *'Schöne Frauen – starke Männer': zur Konstruktion von Leib, Körper und Geschlecht*, Augsburger Reihe zur Geschlechterforschung, 3, Opladen: Leske + Budrich, 2002.

Scheflen, Albert E., Alice Scheflen und Wolfgang Krege, *Körpersprache und soziale Ordnung: Kommunikation als Verhaltenskontrolle*, Konzepte der Humanwissenschaften, Stuttgart: Klett, 1976.

Schmauser, Caroline und Thomas Noll (Hrsg.), *Körperbewegungen und ihre Bedeutungen*, Körper, Zeichen, Kultur, 2, Berlin: Berlin Verlag Spitz, 1998.

Starobinski, Jean und Horst Günther, *Gute Gaben, schlimme Gaben: die Ambivalenz sozialer Gesten,* Frankfurt am Main: Fischer, 1994.

Streeck, Jürgen, 'Gesture as Communication 2: The Audience as Co-Author', *Research on Language and Social Interaction*, 3, 1994, S.239–76.

Streeck, Jürgen, Charles Goodwin und Curtis LeBaron (Hrsg.), *Embodied Interaction: Language and Body in the Material World*, Cambridge (UK): Cambridge University Press, 2013.

Tomasello, Michael und Jürgen Schröder, *Die Ursprünge der menschlichen Kommunikation*, Suhrkamp-Taschenbuch Wissenschaft, 2004, Frankfurt am Main: Suhrkamp, 2014.

Tonger-Erk, Lily, *Actio: Körper Und Geschlecht in Der Rhetoriklehre*, Studien Zur Deutschen Literatur, Band 196, Berlin: De Gruyter, 2012.

Trautmann-Voigt, Sabine, *Grammatik der Körpersprache ein integratives Lehr- und Arbeitsbuch zum Embodiment,* Stuttgart: Schattauer, 2012.

Trömel-Plötz, Senta (Hrsg.), *Gewalt durch Sprache: die Vergewaltigung von Frauen in Gesprächen*, Frau in der Gesellschaft, Frankfurt am Main: Fischer Taschenbuch Verlag, 1984.

Wark, Jayne, *Radical Gestures: Feminism and Performance Art in North America*, Montreal: McGill-Queen's University Press, 2006.

Wiater, Werner und Doris Manschke (Hrsg.), *Verstehen und Kultur: mentale Modelle und kulturelle Prägungen,* Wiesbaden: Springer VS, 2012.

Williams, Brackette, *Women Out of Place the Gender of Agency and the Race of Nationality,* Hoboken: Taylor and Francis, 2013.

Wulf, Christoph, *Anthropologie: Geschichte – Kultur – Philosophie*, Köln: Anaconda, 2009.

——— (Hrsg.), *Das Soziale Als Ritual: Zur Performativen Bildung von Gemeinschaften,* Leverkusen: Leske + Budrich, 2001.

——— (Hrsg.), *Die Geste in Erziehung, Bildung Und Sozialisation: Ethnographische Feldstudien*, Wiesbaden: VS Verlag für Sozialwissenschaften, 2011.

—— (Hrsg.), *Gesten: Inszenierung, Aufführung, Praxis,* München: Fink, 2010.

———, *Zur Genese Des Sozialen: Mimesis, Performativität, Ritual*, Sozialtheorie, Bielefeld: transcript, 2005.

Wulf, Christoph, H. D. Michael Göhlich und Jörg Zirfas (Hrsg.), *Grundlagen Des Performativen: Eine Einführung in Die Zusammenhänge von Sprache, Macht Und Handeln,* Weinheim: Juventa, 2001.

Wulf, Christoph und Jörg Zirfas (Hrsg.), *Ikonologie Des Performativen*, München: Fink, 2005.

Zentrum für Interdisziplinäre Frauen- und Geschlechterforschung und Zentrum für Feministische Studien (Hrsg.), *Körper und Geschlecht: Bremer - Oldenburger Vorlesungen zur Frauen- und Geschlechterforschung*, Studien interdisziplinäre Geschlechterforschung, 1, Opladen: Leske + Budrich, 2002.

9 Abbildungen

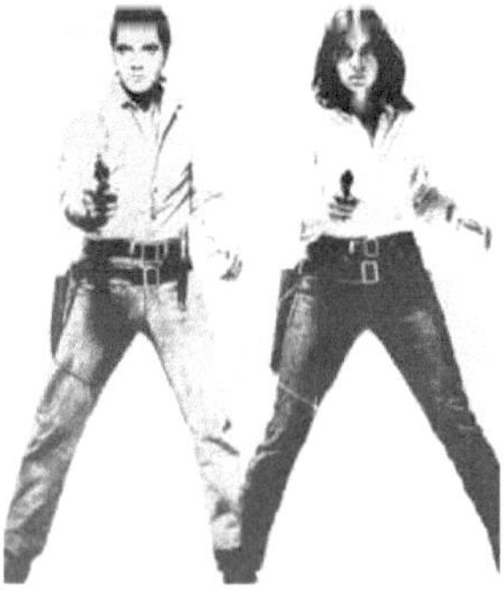

Abb.1: *Art is a criminal action no.4* (1969-1970), Ulrike Rosenbach

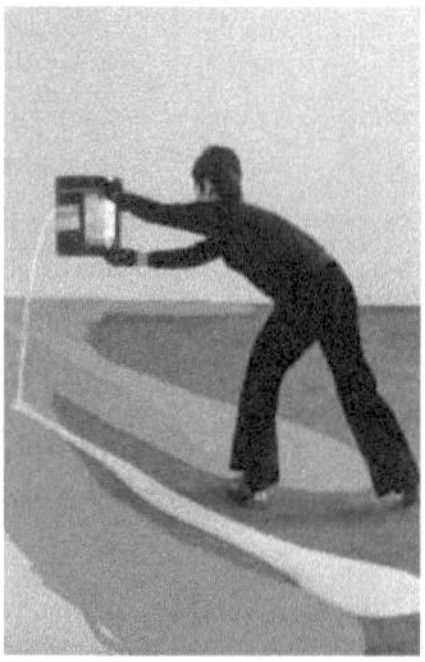

Abb.2: Foto aus der Serie *Self* (1970-1976), Lynda Benglis

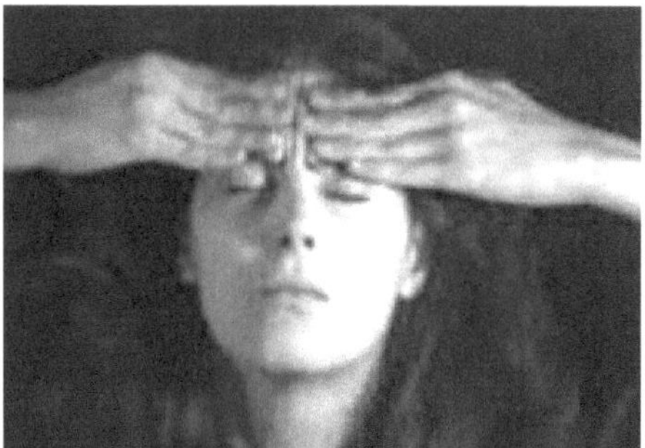

Abb.3: Filmstill aus *Gestures* (1974), Hannah Wilke

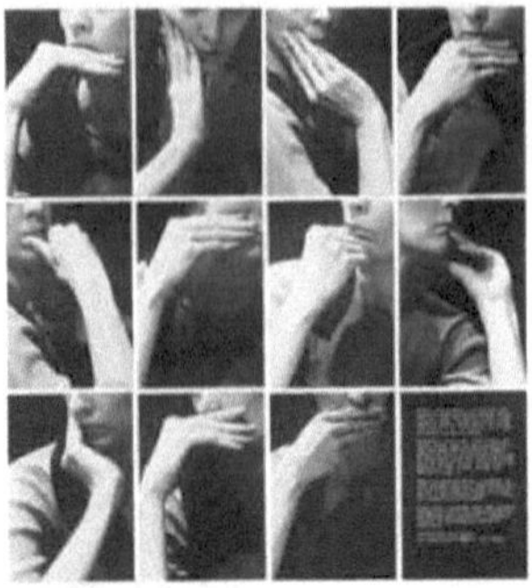

Abb.4: *Covering my Face: My Grandmother's Gestures* (1972), Nancy Wilson-Pajic

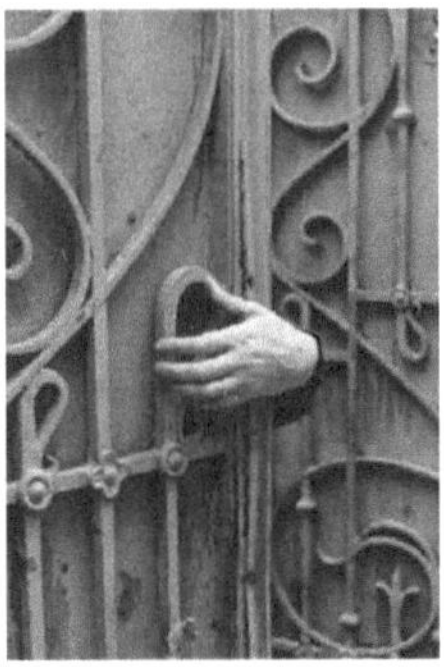

Abb.5: Foto aus der Serie *Estudo para dois espaços* (1977), Helena Almeida

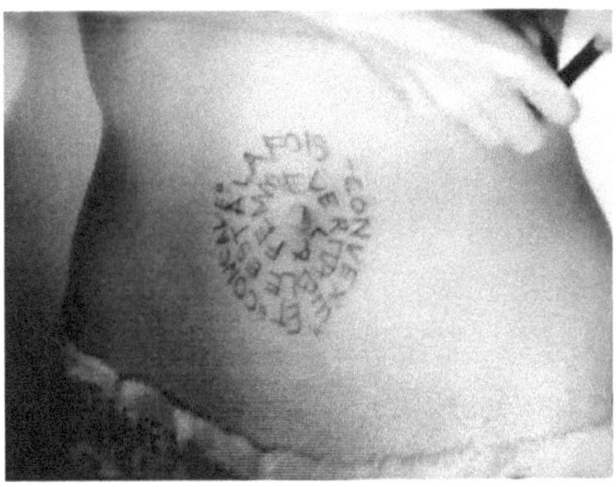

Abb.6: Filmstill aus *La femme sans tête ou La danse du ventre* (1974), Nil Yalter

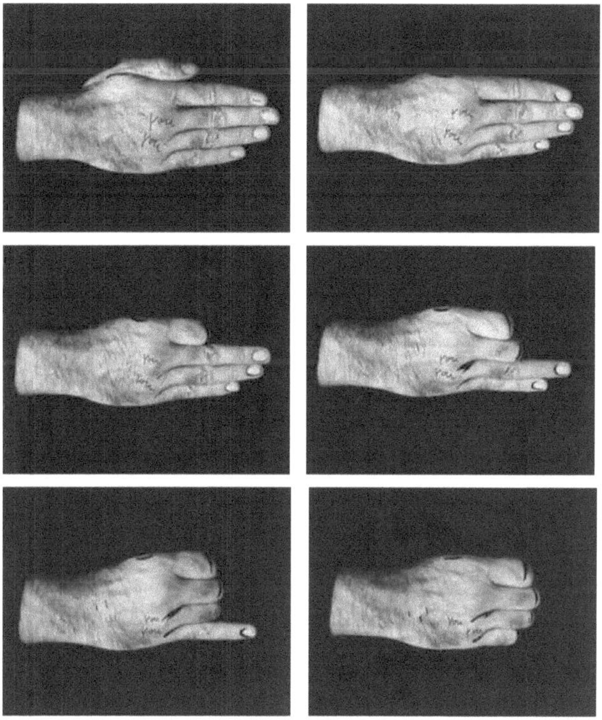

Abb.7: *Le mie parole e tu?* (1971/1972), Ketty la Rocca

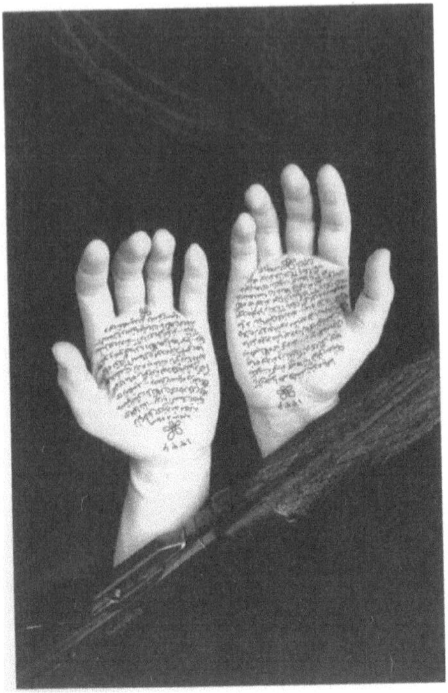

Abb.8: Foto aus der Serie *Women of Allah* (1994), Shirin Neshat

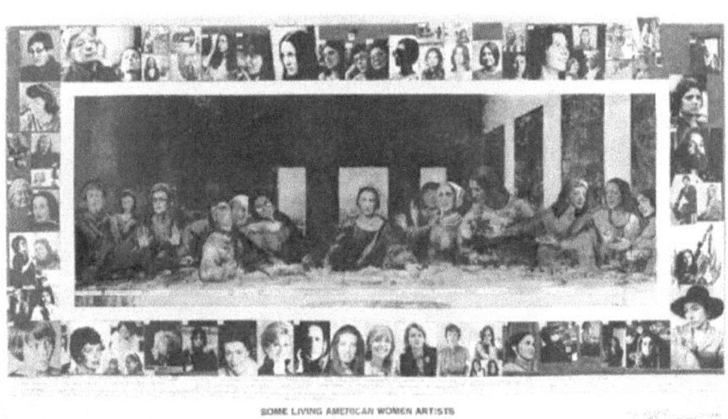

Abb.9: *Some Living American Women Artists / Last Supper,* (1972), Mary Beth Edelson

10 Abbildungsverzeichnis

Abb.1: *Art is a criminal action no4* (1969-1970),
Ulrike Rosenbach
Schor, Gabriele und Verbund AG (Hrsg.), *Feministische Avantgarde: Kunst der 1970er-Jahre aus der Sammlung Verbund, Wien,* München: Prestel, 2015, S.45.

Abb.2: Foto aus der Serie *Self* (1970-1976), Lynda Benglis
Schor, Gabriele und Verbund AG (Hrsg.), *Feministische Avantgarde: Kunst der 1970er-Jahre aus der Sammlung Verbund, Wien,* München: Prestel, 2015, S.23.

Abb.3: Filmstill aus *Gestures* (1974), Hannah Wilke
Schor, Gabriele und Verbund AG (Hrsg.), *Feministische Avantgarde: Kunst der 1970er-Jahre aus der Sammlung Verbund, Wien,* München: Prestel, 2015, S.32.

Abb.4: *Covering my Face: My Grandmother's Gestures* (1972),
Nancy Wilson-Pajic
Schor, Gabriele und Verbund AG (Hrsg.), *Feministische Avantgarde: Kunst der 1970er-Jahre aus der Sammlung Verbund, Wien,* München: Prestel, 2015, S.32.

Abb.5: Foto aus der Serie *Estudo para dois espaços* (1977),
Helena Almeida
Schor, Gabriele und Verbund AG (Hrsg.), *Feministische Avantgarde: Kunst der 1970er-Jahre aus der Sammlung Verbund, Wien,* München: Prestel, 2015, S.82.

Abb.6: Filmstill aus *La femme sans tête ou La danse du ventre* (1974),
Nil Yalter
Schor, Gabriele und Verbund AG (Hrsg.), *Feministische Avantgarde: Kunst der 1970er-Jahre aus der Sammlung Verbund, Wien,* München: Prestel, 2015, S.138.

Abb.7: *Le mie parole e tu?* (1971/1972), Ketty la Rocca
Schor, Gabriele und Verbund AG (Hrsg.), *Feministische Avantgarde: Kunst der 1970er-Jahre aus der Sammlung Verbund, Wien,* München: Prestel, 2015, S.133.

Abb.8: Foto aus der Serie *Women of Allah* (1994), Shirin Neshat
Huck, Brigitte, *Auf Den Leib Geschrieben: Ketty La Rocca, Valie Export, Mary Kelly, Elfriede Jelinek,* Wien: Kunsthalle, 1995, S.98.

Abb.9: *Some Living American Women Artists / Last Supper,* (1972),
Mary Beth Edelson
Schor, Gabriele und Verbund AG (Hrsg.), *Feministische Avantgarde: Kunst der 1970er-Jahre aus der Sammlung Verbund, Wien,* München: Prestel, 2015, S.114f.